KUSSCHEN
DIE ONKELZ

DIESES BUCH GEHÖRT

HIER WOHNE ICH

HIER BIN ICH IM URLAUB

Axel Bulthaupt

# Heidi & Klara
## in Italien

Illustrationen von Miriam von Jankó-Bohn

SALIER VERLAG

# – DIE ENTSCHEIDUNG –

Ist das alles anstrengend! Heidi und Klara sind ganz erschöpft. Beide jagen die Katze der Nachbarin Frau Sudmöller immer über das Grundstück. Sie müssen den Postboten tüchtig anbellen, weil der dann so lustig guckt. Außerdem müssen große Löcher in den Garten gebuddelt werden. Auch Frauchen und Herrchen wollen beschäftigt sein! Einmal am Tag dürfen die einen langen Spaziergang mit Heidi und Klara machen. Hinterher wird geschmust und gekrault oder mit dem Ball gespielt.

„Heidi, ich bin jetzt wirklich urlaubsreif und brauche dringend etwas Erholung", seufzt Klara und macht es sich mal so richtig bequem in Frauchens Lieblingssessel.
„Klara, komm da runter! Du weißt, dass du nicht darauf darfst", wufft Heidi erschrocken. Dann grummelt sie: „Du hast recht, Klara. Ich würde auch gerne Ferien machen."
„Oh ja, Heidi – schnuffeldiwuff", ruft Klara, „aber wohin?" Heidi muss nur kurz überlegen: „Klara, erinnerst du dich an die Spagetti, die wir gestern bekommen haben?" Die blonde Heidi denkt grundsätzlich nur mit dem Bauch, ihre Lieblingsbeschäftigung ist eindeutig: Essen! Essen! Essen! „Hhmm-wuff, die waren lecker!", erinnert sich Klara und leckt sich die schwarze Schnauze. Aber sie versteht nicht, wie Heidi jetzt plötzlich von Ferien auf Spagetti kommt. Sie schaut Heidi fragend an. Heidi kennt diesen Blick ihrer Freundin schon.

„Hör mal! Die Spagetti und viele andere Nudeln sind in Italien erfunden worden! Die gibt's da jeden Tag zu essen, wenn man will. Los, komm! Wir fahren nach Italien!"

Klara grübelt. Heidi ist zwar die Ältere, doch wenn sie mal wieder nur Futtern im Kopf hat, kommt dabei nicht immer Gutes heraus.

Darum lieber mal nachfragen: „Wo ist denn dieses Italien? Und wie kommen wir dahin?"
Heidi weiß Bescheid: „Italien liegt in Europa. Genauso wie Deutschland, allerdings viel weiter südlich. Mit einem Auto braucht man schon einen halben oder einen ganzen Tag, je nachdem, wo man in Deutschland wohnt. Aber mit dem Flugzeug ist man in ein bis zwei Stunden dort."

## Spagetti mit Tomatensoße

So kannst du zusammen mit deinen Eltern ein prima Nudelgericht zaubern. Es geht blitzschnell, macht Spaß und ist super lecker.

**Für 4 Personen brauchst du:**
500 Gramm Spagetti
ein Esslöffel Butter
eine kleine Dose geschälte Tomaten (gestückelt)
Salz, Pfeffer

**Und so geht's:**
1. Zuerst gibst du zwei bis drei Liter Wasser in einen Topf und einen kleinen Löffel Salz hinzu.
2. Wenn das Wasser kocht, kommen die Spagetti rein.
3. Auf einer anderen Herdplatte kannst du in der Zwischenzeit die Butter in einem Topf schmelzen.
4. Die Tomaten aus der Dose zur Butter geben und mit einem Kochlöffel umrühren. Auch die Spagetti müssen ab und zu umgerührt werden.
5. Nach etwa zehn Minuten nimmst du die Spagetti vom Herd und kannst sie in einem Sieb abgießen. Wenn sie „al dente" – also bissfest – sind, schmecken sie übrigens am besten!
6. Die Tomatensoße mit Salz und Pfeffer abschmecken.

**Guten Appetit!**
**In Italien heißt das „Buon appetito!"**

Das klingt sehr nach Abenteuer. Genau das Richtige für Klara. „Schnuffeldiwuff! Fliegen, fliegen, fliegen! Au ja, Heidi, ich wollte schon immer fliegen."

Mittlerweile hat Heidi Italien auf der großen Karte an der Wand gefunden. Sie zeigt, wohin es gehen soll: „Schau, Klara. Dort ist Italien! Ist das nicht toll? Italien sieht auf der Landkarte aus wie ein Stiefel. Und natürlich fliegen wir", verspricht Heidi. Sie sieht schon einen schönen Fressnapf mit Nudeln vor sich und eine Pizza mit ganz viel Wurst drauf.

„Schnuffeldiwuff – jetzt bin ich bald ein Flughund!", bellt Klara aufgeregt.

- MEIN TAGEBUCH -

## – MEIN TAGEBUCH –

# - ROM -

In Rom angekommen, läuft Heidi noch etwas wackelig auf ihren vier Pfoten in Richtung Taxistand. Klara dagegen ist ganz begeistert von der Fliegerei: „Schnuffeldiwuff – war das super und es hat so schön geschaukelt, als wir über diese riesigen Berge geflogen sind!“, schwärmt sie und wedelt vor Freude mit dem Schwanz.

Heidi ist froh, wieder auf der Erde zu sein. „Taxi!“, kläfft sie laut. Prompt hält ein Auto. Der Fahrer springt heraus. Er macht den Kofferraum auf und sagt: „Buon giorno!“
Klara blickt Heidi verständnislos an. Aber sie bekommt sofort eine Erklärung: „Das heißt ‚Guten Tag!‘ In Italien wird natürlich Italienisch gesprochen.“

Heidi nennt dem Taxifahrer das Ziel und schon braust der Wagen los. Heidi ist bestens informiert. Sie hat zu Hause einen Reiseführer gelesen, damit sie ihrer kleinen schwarzen Freundin alles erklären kann. Und auch weil sie gern ein wenig angibt: „Das ist Rom. Ganz schön groß nicht wahr!?“ Klara spitzt die Ohren.
„Rom ist die Hauptstadt Italiens. Genauso wie Berlin die Hauptstadt von Deutschland ist. Hier in Rom arbeitet die italienische Regierung.“
„Regiert diese Regierung da in dem großen alten Haus?“, will Klara wissen. „Da drin haben die aber viel Platz zum Spielen!“ „Nein, das ist das Kolosseum, Klara. Es ist Roms Wahrzeichen und eines

der gewaltigsten Bauwerke der Antike, also von gaaaanz früher“, erklärt Heidi. „Es ist fast 2000 Jahre alt und ist eine Sportarena – man sagt auch Amphitheater!“

„Komm Heidi, lass uns aussteigen. Das muss ich genau sehen – schnuffeldiwuff!"
Nach zwei Stunden treppauf, treppab ist Klaras Begeisterung verflogen. Außerdem hat ihr gar nicht gefallen, als Heidi erklärte, dass in diesem Kolosseum früher auch Tiere gejagt wurden, nur so zum Spaß.
„Genug jetzt, Heidi. Mir ist warm in meinem schwarzen Pelz und ich habe Durst."
Die beiden Urlauberinnen genehmigen sich ein großes Eis, das schmeckt in Italien am besten. Dann geht es weiter.

„Schnuffeldiwuff! Das hier kenne ich irgendwoher. Aus dem Fernsehen! Ostern zeigen sie das immer. Dann sind hier ganz viele Leute", sagt Klara, die froh ist, endlich auch mal was zu wissen. Aber Heidi weiß es natürlich noch genauer.
„Hier sind wir auf dem Petersplatz. Dort vorne kannst du den Petersdom sehen. In dem Haus rechts daneben wohnt der Papst. Er ist das religiöse Oberhaupt aller Katholiken – also der Chef. Dieser Platz und alle Gebäude darum herum bilden den Vatikan. Und dieser Vatikan ist sogar ein eigener Staat."
‚Ein Staat Vatikan in einem anderen Staat Italien? Wir sind doch gar nicht über eine Grenze gegangen', denkt Klara verwirrt. Aber sie will es mal glauben, weil Heidi immer alles weiß.
„Heidi, das ist die schönste Kirche, die ich jemals gesehen habe! Dürfen wir da rein?"

„Du musst dir erst das restliche Eis von der Schnauze lecken und mir versprechen, dass du dich in der Kirche benimmst. Es wird nicht laut gebellt oder auf die Bänke gesprungen!", sagt Heidi streng. „Ich bin doch kein Kunstbanause", wufft Klara schnippisch zurück. Doch mitten im Petersdom bellt Klara plötzlich laut auf, als sie fertig ist, alles zu beschnüffeln und zur Decke hochschaut. Alle drehen sich erstaunt zu ihr um. Aber keiner schimpft. Auch Heidi nicht. Denn die Bilder im Petersdom sind wirklich zum Bellen schön. Viele davon wurden von einem der berühmtesten Künstler gemalt, der jemals gelebt hat: von Michelangelo. ‚Toll, was diese Italiener alles haben', denkt Klara begeistert.

- MEIN TAGEBUCH -

# – NEAPEL –

Wegen des guten Essens sind Heidi und Klara nach Italien gekommen. Deshalb machen sie einen Ausflug nach Neapel. Dort treibt sie der Hunger in ein typisch italienisches Restaurant. Sie werden von einem netten Kellner zu einem schönen Tisch auf der Terrasse gebracht. Klara fühlt sich wie eine feine Hundedame. Nur diese Speisekarte kann man ja gar nicht verstehen.

„Schnuffeldiwuff – da stehen ja komische Sachen drauf!" Doch Heidi weiß mal wieder bestens Bescheid, gerade wenn es ums Futtern geht: „Antipasti sind die Vorspeisen, Primo Piatti ist der erste Gang, Secondo Piatti ist der zweite Gang und Dessert ist natürlich Nachtisch."

„Aber Heidi, wenn ich so viel esse, ist mir nachher wieder ganz schlecht", stellt Klara fest, „du solltest auch nicht vier Gänge verputzen. Sonst wirst du nur wieder zu dick und jammerst mir die Ohren deswegen voll."

„Weiß ich selbst! Darum esse ich ja auch nur einen ersten und einen zweiten Gang. Ich nehme die Nudeln mit Tomatensoße und danach ein klitzekleines Steak." „Ach was. Am liebsten würdest du doch die ganze Karte rauf und runter futtern. Ich kenne dich doch", lacht Klara. „Ich nehme nur eine Pizza!", sagt sie ganz bescheiden und freut sich, dass die hier so schön groß sind.

„Klara, wusstest du, dass in Neapel die Pizza erfunden wurde? Früher hatte man hier nur so eine Art dünnes Fladenbrot. Doch dann brachten Seefahrer Tomaten nach Italien. Die Italiener legten die

RISTORANTE DA ANGELO
RISTORANTE DA
VIA CHIAIA
PANE E PASTA
DA ANGELO
ANTIPASTI
PASTA
PIZZA
CARNE
POSTR

Tomaten zusammen mit Käse auf das Fladenbrot und peng: Die Pizza war erfunden!"
„Schnuffeldiwuff – wenn wir wieder zu Hause sind, erfinden wir auch mal was zu essen", beschließt Klara. „Essen erfinden kann man ja nicht nur den Italieners überlassen!" „Den Italienern!", korrigiert Heidi. „Na, denen auch nicht!", erwidert ihre Freundin.

Natürlich haben sich die beiden auch noch zu einem Nachtisch überreden lassen. Dann machen sie sich etwas träge auf den Weg nach Pompeji. „Warum ist denn hier alles kaputt?", will Klara wissen. Sie wittert schon eine spannende Geschichte.

„Siehst du den großen Berg dort? Das ist der Vesuv, einer der berühmtesten Vulkane der Welt. Er ist immer noch aktiv und qualmt manchmal. Hier, wo wir stehen, war Pompeji. Vor 2000 Jahren war das eine ziemlich große und lebhafte Stadt. Dann ist plötzlich der Vulkan ausgebrochen und hat ganz viel Staub, Asche und Steine auf die Stadt geschleudert. Das ist alles ganz schnell passiert. Kaum jemand konnte sich retten. Viele Menschen sind damals gestorben."
„Und was haben die Hunde gemacht? Die sind doch sicher schnell abgehauen, oder?", fragt Klara. Sie stellt sich vor, wie Menschen und Tiere ganz verängstigt vor dem Vulkanausbruch zu fliehen versuchten.
„Nein", erklärt Heidi traurig, „auch viele Hunde sind damals gestorben. Die Katastrophe kam so schnell und einige Hunde wollten auch ihre Herrchen nicht alleine lassen. Die ganze Stadt wurde unter einer großen Schicht von Vulkanasche begraben. Viele hundert Jahre war

Pompeji verschwunden. Dann haben Forscher die Stadt wieder ausgegraben. Darum können wir heute noch sehen, wie die Menschen damals gewohnt haben, welche Bilder sie an die Wände gemalt haben und wohin sie zum Einkaufen gegangen sind. Denn unter der Asche ist die ganze Stadt erhalten geblieben."

Erst am Abend im Hotel merken Heidi und Klara, wie müde sie sind. Sie fallen schnell in ihre Betten. Klara brummt: „Die Geschichte von Pompeji hat mich wirklich traurig gemacht. Aber es war trotzdem ein aufregender Tag! Bei den Italieners gefällt es mir – schnuffeldiwuff!"
„Italienern!", verbessert Heidi und schläft sofort ein.

# - VULKANE -

Die beiden großen Vulkane in Italien heißen Vesuv und Ätna. Beide sind in der Vergangenheit oft ausgebrochen und haben viel Schaden angerichtet. Heute beobachten Wissenschaftler beide Vulkane und registrieren auch die kleinsten Bewegungen, damit die Menschen in der Nähe schnell gewarnt werden können.

**Aber woher kommen die Vulkane?**

Die Erdoberfläche besteht aus großen Platten. Unter diesen ist heißes flüssiges Gestein. Darauf schwimmen die Platten wie große Luftmatratzen auf dem Wasser. Wenn sie aufeinanderprallen, schieben sie sich gegenseitig nach oben. Durch die entstehenden Risse kann das flüssige Gestein entweichen. So entstehen Berge, die hin und wieder Feuer speien und ganze Landschaften und Städte unter Asche und flüssigem Gestein begraben können.

– MEIN TAGEBUCH –

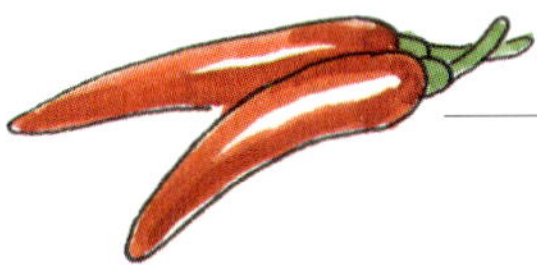

- MEIN TAGEBUCH -

# – PISA –

Um von Neapel nach Pisa zu kommen, nehmen Heidi und Klara ein schickes rotes Auto. Klara ist hundemüde und gemütlich auf dem Beifahrersitz eingeschlummert. Sie schnarcht sogar ein bisschen. Heidi macht sich einen Spaß daraus, der schnarchenden Klara immer wieder die Nase zuzuhalten. Das führt jedes Mal zu einem ganz fürchterlichen Grunzen: „Chrrch, chrrch, chrrochochochrrrrrr!“ Heidi kann sich das Lachen kaum verkneifen und muss aufpassen, dass sie nicht von der Straße abkommt. Plötzlich verändert sich die Landschaft und wird ganz hügelig.

„Wach auf, du Schnarchhund, und guck mal aus dem Fenster!“, bellt Heidi der Klara laut ins Ohr.

Wie vom Blitz getroffen, schießt Klara in die Höhe und stößt sich den Kopf am Autoverdeck.

„Autsch! Verflixt! Bist du von allen guten Hundegeistern verlassen? Du kannst mir doch nicht so ins Ohr brüllen!“ „Ich wollte nicht, dass du das alles verpasst. Das ist die Toskana! Es ist eine der besonders schönen Regionen Italiens. Hier gibt es kaum Industrie und noch immer viel Landwirtschaft. Zum Beispiel wird hier sehr viel Wein angebaut. Diese Hügel dort sind Weinberge.“

„Ich weiß“, gähnt Klara, „schon die alten Römer haben hier Wein gemacht. Das sind die Vorfahren der Italieners, die auch das Kolosdingsbums in Rom gebaut haben.“

„Italiener! Und Kolosseum heißt das! Da hat wohl jemand heimlich in meinem Reiseführer geschnüffelt?!“ Klara grinst nur. Sie schaut fasziniert auf die gelben und braunen Hügel. Dann schlägt sie vor, das Autoverdeck umzuklappen, wozu haben die beiden sich schließlich ein flottes Cabrio gegönnt. Mit im Fahrtwind flatternden Ohren brausen die beiden durch die Toskana.

In Pisa angekommen, laufen sie gleich zum berühmtesten Bauwerk der Stadt. Das steht auf der Piazza dei Miracoli, dem Platz der Wunder.

„Schiel ich oder haben da die Bauarbeiter geschlafen?“, fragt Klara.

„Könnte man meinen, aber mit dir ist alles in Ordnung!“, beruhigt Heidi. „Das ist der Schiefe Turm von Pisa, Klara!“

„Also wirklich, der sieht aus, als ob er gleich umplumpst, Heidi. So etwas kann doch kein Kunstwerk sein.“

„Na ja, immerhin steht er jetzt schon 800 Jahre so schief, ohne umzufallen. Der Turm war nie gerade. Schon bei Baubeginn gab der Boden nach. Die Arbeit am Turm musste für hundert Jahre unterbrochen werden. Danach baute man ihn einfach so schief zu Ende.“

Heidi und Klara schauen sich an. Sie bekommen einen Lachkrampf. Beide kugeln sich von rechts nach links und rundherum. Klara kriegt als Erste wieder Luft: „Heidi, das ist aber eine komische Geschichte. Was machen die Italieners denn jetzt mit dem Turm?“

„Die Italiener! Jedes Mal, wenn man versuchte, den Fehler zu berichtigen, neigte sich der Turm immer schiefer. Vor ein paar Jahren wurde er saniert und ist jetzt wieder für Besucher geöffnet.“

GELATi

Wie verrückt jagen sich die beiden über den Platz der Wunder. Immer wieder fallen ihnen witzige Sachen zum Schiefen Turm von Pisa ein: Wie das Essen vom Teller rutscht, die Badewanne überschwappt und die Menschen nachts aus ihren Betten kullern. Aber zum Glück muss ja niemand in dem schiefen Turm wohnen.

## – MEIN TAGEBUCH –

- MEIN TAGEBUCH -

# – MAILAND –

In Mailand angekommen, ruft Klara gleich: „Heidi, das ist aber ganz schön voll und laut hier!"
„Kein Wunder, Mailand ist schließlich eine Großstadt. Hier gibt es viele Banken und große Firmen. Mailand ist ein bisschen anders als die Städte, die wir schon besucht haben. Es ist moderner. In Mailand wird Mode gemacht."

Mit Mode hat Klara aber nun wirklich nichts am Hut. Schon von Frauchens vielen Schuhen und den ganzen neuen Kleidern zu Hause hat sie die Nase voll. Denn damit kann man sich so gar nicht in Erdhaufen wälzen oder durch Schlammpfützen hüpfen.
„Einkaufen gehen finde ich langweilig, Heidi. Lass uns lieber etwas Schönes zum Rumtoben suchen!"

Zwei Straßenecken weiter bleiben Heidi und Klara staunend stehen: „Heidi schau – schnuffeldiwuff, was für eine große Kirche!"
Heidi blättert in ihrem Reiseführer: „Das ist der Mailänder Dom. Er heißt Santa Maria Nascente. Fast 500 Jahre lang wurde daran gebaut." „Wuff, ganz schön lange", staunt Klara, „kann ich mir aber gut vorstellen. Sieh mal, diese vielen Türme und Figuren! Das müssen ja Tausende sein. So was will ich für unsere Hundehütte auch – schnuffeldiwuff."

„Es stehen genau 3400 Statuen auf den Spitzen des Doms. Komm mit, hier steht, man kann auf dem Dach spazieren gehen." „Du willst die doch nicht etwa durchzählen? Obwohl es dir wieder mal ähnlich sehen würde."

Oben angekommen haben Heidi und Klara einen herrlichen Blick über die ganze Stadt. Heidi wird es etwas schwindelig in der Höhe. Es gibt einen Zaun, damit niemand herunterfallen kann. Klara fühlt sich schon wie die Katze ihrer Nachbarin. Die balanciert zu Hause auch immer auf dem Dach herum. Kurz überlegt Klara, ob sie nicht mal runterspucken sollte. Und gerade als sie ansetzt, einen schönen Klacks auszuspucken, ruft Heidi: „Da unten sind Straßenmusikanten. Nichts wie hin!"

Auf dem Domplatz stehen sie vor den Musikern. Heidi ist ganz verzückt. „Hör nur! Sie spielen ja Vivaldi!" Klara zieht die Augenbrauen hoch und schaut entgeistert. „Wie wer? Wie Waldi? Der eingebildete Dackel von Familie Schmitz? Der spielt doch nicht mal mit uns Fangen, weil er so moppelig ist. Und Musik macht er auch nicht. Der kann nicht mal richtig laut bellen!"
Zur Abwechslung verdreht nun Heidi mal die braunen Augen: „Ich meine doch Antonio Vivaldi und nicht den dicken Waldi Schmitz! Vivaldi war ein italienischer Komponist und berühmter Geigenspieler. Er hat vor 300 Jahren wunderbare klassische Musik geschrieben. Herrchen spielt doch zu Hause auch immer Musik von Vivaldi, allerdings auf dem Klavier."

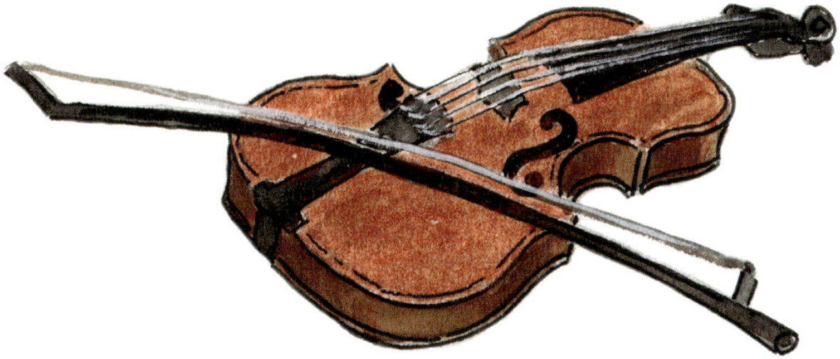

Klara kann es nicht ausstehen, wenn ihr Herrchen daheim auf diesem großen schwarzen Kasten klimpert. Das ist für sie noch schlimmer als der Krach vom Staubsauger. Dann verkriecht sie sich in Frauchens Bett. Aber das mag Frauchen überhaupt nicht. Heidi dagegen wackelt zur Musik von Vivaldi mit dem Schwanz: „Weißt du was", sagt sie, „jetzt fahren wir in die Heimatstadt von Vivaldi, nach Venedig. Das ist eine Stadt, die mitten im Meer liegt!" Für Vivaldi interessiert sich Klara überhaupt nicht. ‚Aber Boot fahren', denkt sie, ‚das klingt doch wieder nach einem Abenteuer. Jetzt werde ich auch noch ein Schiffshund!'

## – MEIN TAGEBUCH –

- MEIN TAGEBUCH -

# – VENEDIG –

Heidi und Klara sitzen gemeinsam mit anderen Touristen in einem Boot. Klaras schwarze Ohren flattern im Wind. Das Boot schaukelt heftig.
„Mir wird gleich schlecht", jault Heidi. Sie sieht tatsächlich etwas grün um die Schnauze aus. „Hoffentlich hat dieses Geschunkel bald ein Ende!"
Klara stören weder die vielen Leute an Bord, noch das unruhige Wasser. Freudig hält sie die Nase in den Wind. Sie versucht, wie eine Schiffssirene zu heulen: „Huuuuuuuuuuuu."

Als die beiden Urlauberinnen mit den anderen Touristen von Bord gehen, hält Heidi sofort einen kleinen Vortrag: „Venedig war im Mittelalter eine sehr wichtige Stadt. Viele Schiffe legten hier an. Die brachten kostbare Waren aus aller Welt: Seide, Gold, Gewürze. Es gab ungeheuer reiche Kaufleute. Die haben sich diese großen Paläste dort gebaut. Das war gar nicht so einfach, denn Venedig besteht aus mehr als hundert Inseln. Die mussten erst einmal mit Brücken verbunden werden. Und sieh mal, Klara, dort drüben ... Klara? Klara!" Erst jetzt bemerkt Heidi, dass Klara verschwunden ist. Nirgends eine Spur von ihr. Heidi kann sowieso nichts mehr sehen. Auf dem großen Markusplatz flattern unzählige Tauben aufgeregt umher. Auch die Touristen sind ganz verstört. Eine dicke Taube schießt sogar einem älteren Herrn den Hut vom Kopf. Heidi ahnt Fürchterliches. Da merkt sie, dass Klara wieder an ihrer Seite steht.

Allerdings ist sie völlig außer Atem und muss tüchtig hecheln: „Schnuffel-hähäh-schnuffel-hähähäh-schnuffeldiwuff-hähähäh, ich habe mich nur mal kurz umgesehen", schnauft Klara, „das ist aber ein klasse Platz zum Herumrasen!"
„Das ist der Markusplatz", entgegnet Heidi streng, „und wir sind nicht hier, um die armen Tauben zu hetzen! Keine Minute kann man dich aus den Augen lassen!" Klara klemmt den Schwanz ein. Sie versucht, ganz besonders lieb zu schauen. Diesen treuherzigen Blick hat sie bei ihrem Herrchen schon oft mit Erfolg eingesetzt, wenn es mal dicke Luft gab. „Was ist denn das für ein riesiger Turm?", fragt Klara, um Heidi von ihrem Ärger abzulenken.

„Das ist der Campanile. Der Turm diente früher als Ausguck und auch als Signal, damit die Seefahrer schon von weitem die Stadt erkennen konnten. Zur Strafe müsste ich dich jetzt die vielen Stufen bis ganz nach oben schicken!" Heidi ist noch immer sauer. Jetzt hilft nur noch eines: Klara lädt ihre Freundin in ein Café zu einem Stück Kuchen ein, Hunde-Versöhnungskuchen. „Schnuffeldiwuff – das ist aber teuer hier", bemerkt Klara und zeigt sich dennoch großzügig. „Heidi, wenn du mit mir in so einem kleinen Boot fährst, übernehme ich die Rechnung."
„Hm, in Ordnung. Auf diesen kleinen Kanälen wird es schon nicht so tüchtig schaukeln. Die kleinen Boote heißen hier in Venedig übrigens Gondeln. Und die Männer, die diese Gondeln fahren, sind die Gondoliere." Heidi und Klara finden gleich eine besonders hübsche schwarz glänzende Gondel mit vielen bunten Kissen auf den Sitzen.

Sie klettern hinein. „Eigentlich ganz bequem, Klara. Findest du nicht?“ „Stimmt, aber es dürfte ruhig ein wenig mehr wackeln.“
Da beginnt der Gondoliere zu singen: „O sole mio!“
„Hoffentlich kostet die Singerei nichts extra“, flüstert Heidi Klara zu. Der Bootsführer versteht recht gut deutsch und erwidert prompt: „Bella signorina! Für die Damen ist mein Gesang ein Geschenk!“ Heidi und Klara schauen sich verwundert an. Und Heidi wird sogar etwas rot unter ihrem Fell. So ein schönes Kompliment hat sie noch nie bekommen. Denn „bella signorina“ heißt „hübsches Fräulein“ und „O sole mio!“ bedeutet „O, meine Sonne!“ Das hat Heidi der Klara aber nicht verraten.

## – MEIN TAGEBUCH –

PONTE
VECCHIO

# - FLORENZ -

„Das ist Florenz", ruft Heidi begeistert, „unsere letzte Station in Italien. Heute Abend geht es nach Hause."
„Schnuffeldiwuff – schade, aber ich freue mich auch auf Herrchen und Frauchen. Und auf meine Streicheleinheiten", gibt Klara zu, „außerdem muss ich in unserem Garten unbedingt nach dem Rechten sehen. Wuff! Sieh doch mal, da steht ein nackter Mann!"
Heidi klärt ihre kleine Freundin auf: „Das ist ein ganz berühmter Mann. Er heißt David."
„Und warum hat David keine Hosen an? Das wird im Winter aber ganz schön kalt an den Beinen, brrrrrrrrrrwuff", bellt Klara. Sie tut so, als würde sie vor Kälte zittern.
Heidi wird verlegen. Dann fällt ihr doch eine Antwort ein: „Vielleicht wollte der Bildhauer zeigen, dass David einen durchtrainierten Körper hat. Genau wie ein Sportler." Klara muss an das Herrchen vom dicken Dackel Waldi denken. Sie beginnt laut zu lachen. „So wie der dicke Herr Schmitz. Wuff-hihihi! Der zieht bei der Gartenarbeit auch immer sein Hemd aus."
Heidi grinst: „Sei nicht albern. Der schöne David wurde auch von Michelangelo gemacht. Den kennst du doch schon aus Rom. Außerdem war dieser David ein ganz kluger Junge. Der kleine David besiegte den bösen starken Riesen Goliath mit einer Steinschleuder. So steht es in der Bibel." Die Kleinen sind eben manchmal stärker als die Großen. Das gefällt Klara. So einen David will sie auch haben.
„Ich weiß auch schon, wo wir einen finden", ruft Heidi aufgeregt,

„komm wir laufen zum Ponte Vecchio! Das ist die älteste Brücke von Florenz. Da haben die Goldschmiede ihre Geschäfte."

Auf dem Weg zu dieser Brücke kauft Klara bei einem Straßenhändler eine kleine David-Figur. Und Heidi bekommt eine schöne Kette mit bunten Steinen. Eine Goldkette wäre viel zu teuer. Auf dem Ponte Vecchio schieben sich die Touristen durch die enge Gasse. Schnell werfen Heidi und Klara noch einen Blick auf den Fluss Arno. Der fließt unter der Brücke hindurch. Dann müssen sie sich beeilen.

„So und nun los, Klara. Auf zum Flughafen, sonst verpassen wir noch unser Flugzeug", drängelt Heidi.

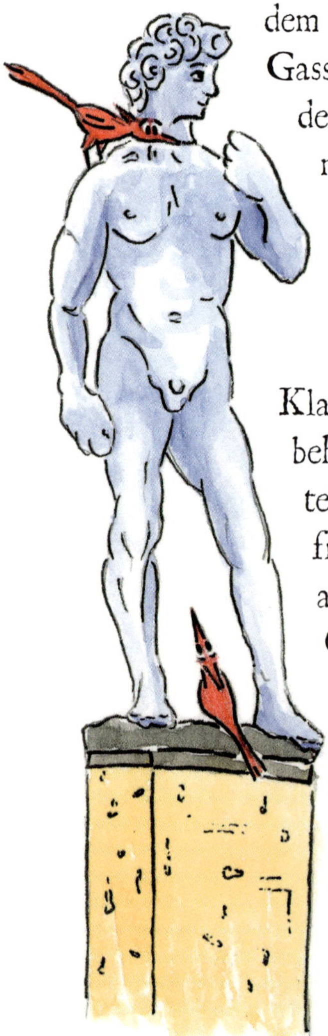

Klara liegt wieder in Frauchens Lieblingssessel und brummt behaglich: „Schnuffeldiwuff – zu Hause ist es doch am schönsten! Hast du gesehen, wie Herrchen und Frauchen sich gefreut haben, dass wir wieder da sind? Eigentlich haben sich alle gefreut, außer Frau Sudmüllers Katze. Die hat mich im Garten gesehen und ist davongerannt, als hätte sie der Blitz getroffen."

„Die hat ganz schön dumm geguckt", freut sich auch Heidi.
„Aber bei den Italieners war es auch schön. Danke, dass du mir alles so fein erklärt hast", schwärmt Klara und stupst Heidi lieb mit der Schnauze in die Seite.
„Dann erklär ich dir noch mal ganz fein, dass es Italiener heißt und nicht Italieners!"
„Ja, ja, schon gut, da lob ich dich schon mal ..."
„Mir hat es aber auch viel Spaß gemacht", fügt Heidi hinzu, „ich glaube, wir sollten schon bald mal wieder Ferien machen." „Schnuffeldiwuff", stimmt Klara zu und stürmt aus dem Haus. Denn jetzt müssen sich die beiden erst einmal ausgiebig durch den Garten jagen. Vielleicht kommt auch noch der Postbote vorbei – zum Anbellen! Ob der Heidi und Klara wohl auch schon vermisst hat?

## – MEIN TAGEBUCH –

## – MEIN TAGEBUCH –

# – DIE ITALIENISCHE SPRACHE –

Die italienische Sprache ist gar nicht schwer zu lernen. Außerdem bringt es sehr viel Spaß! Hier findest du ein paar Wörter, die du gut gebrauchen kannst.

(Lies einfach laut, was in Klammern steht, damit du weißt, wie man die Worte aussprechen soll.)

| | | |
|---|---|---|
| Guten Tag | buon giorno | (bonn dschorno) |
| Auf Wiedersehen | arrivederci | (arriwedertschi) |
| hallo | ciao | (tschau) |
| Grüß Dich! | salve | (sallwe) |
| ja | sí | (ßi) |
| nein | no | (no) |
| o.k. | va bene | (wa bänä) |
| danke | grazie | (graziä) |
| ich heiße | mi chiamo | (mi kiamo) |
| Wollen wir zusammen spielen? | Giochiamo assieme? | (dschokiamo assiäme) |
| Auto | macchina | (makkina) |
| Vulkan | vulcano | (wulkano) |

| | | |
|---|---|---|
| Musik | musica | (musika) |
| Fußball | calcio | (kaltscho) |
| Junge | ragazzo | (ragatzo) |
| Mädchen | ragazza | (ragatza) |
| Mutter | madre | (mahdre) |
| Vater | padre | (pahdre) |
| Freund | amico | (amiko) |
| Freundin | amica | (amika) |
| Hund | cane | (kane) |
| Katze | gatto | (gatto) |
| 1, 2, 3, 4, 5 | uno, due, tre, quattro, cinque | (uno, due, trä, quattro, tschinquä) |

| | | |
|---|---|---|
| weiß, schwarz | bianco, nero | (bianko, nero) |
| rot, grün | rosso, verde | (rosso, werde) |
| heiß, kalt | caldo, freddo | (kaldo, freddo) |
| groß, klein | grande, piccolo | (grande, pikkolo) |
| fantastisch | fantastico | (fantaßtiko) |
| ätzend | che schifo | (kä ßkiffo) |
| dumm | stùpido | (ßtupido) |
| Eis | gelato | (dschelato) |
| Schokolade | cioccolato | (tschokkolato) |
| Kakao | cioccolata | (tschokkolata) |
| Vase | vaso | (waso) |
| Flugzeug | aeroplano | (aäroplano) |

# – PLANZEN UND TIERE IN ITALIEN –

Wegen der höheren Temperaturen des Mittelmeerklimas in Italien gibt es dort auch andere Pflanzen und Tiere als bei uns zu Hause.

Hier einige Pflanzennamen:

| | | |
|---|---|---|
| Orange | arancia | (arantscha) |
| Zitrone | limone | (limone) |
| Olive | oliva | (oliwa) |
| Feige | fico | (fiko) |
| Tomate | pomodoro | (pomodoro) |
| Salbei | salvia | (salwia) |
| Zypresse | cipresso | (tschipresso) |
| Basilikum | basilico | (basiliko) |

Hier einige Tiernamen:

| | | |
|---|---|---|
| Eidechse | lucèrtola | (lutschertola) |
| Stachelschwein | porcospino | (porkoßpino) |
| Skorpion | scorpione | (ßkorpione) |
| Schlange | serpente | (ßerpente) |
| Tintenfisch | calamaro | (kalamaro) |

Diese Postkarte kannst du ausmalen, ausschneiden und an Freunde zu Hause schicken.
Briefmarke nicht vergessen!

Axel Bulthaupt · Heidi & Klara in Italien
Illustrationen von Miriam von Jankó-Bohn

ISBN 978-3-939611-09-7
1. Auflage 2007

Gestaltung: re.naissance designstudio christoph ruhrmann
Gesamtherstellung: Jütte-Messedruck Leipzig GmbH
Printed in Germany

www.heidi-und-klara.de